BEI GRIN MACHT SICH IHR WISSEN BEZAHLT

- Wir veröffentlichen Ihre Hausarbeit,
  Bachelor- und Masterarbeit

- Ihr eigenes eBook und Buch -
  weltweit in allen wichtigen Shops

- Verdienen Sie an jedem Verkauf

Jetzt bei www.GRIN.com hochladen
und kostenlos publizieren

Patrick Ringseis

Wirtschaftliche Bewertung von Cloud Computing für KMU am Beispiel ECM

GRIN Verlag

Bibliografische Information der Deutschen Nationalbibliothek:

Die Deutsche Bibliothek verzeichnet diese Publikation in der Deutschen National-
bibliografie; detaillierte bibliografische Daten sind im Internet über http://dnb.d-
nb.de/ abrufbar.

Impressum:

Copyright © 2013 GRIN Verlag GmbH
Druck und Bindung: Books on Demand GmbH, Norderstedt Germany
ISBN: 978-3-656-39733-5

Dieses Buch bei GRIN:

http://www.grin.com/de/e-book/211704/wirtschaftliche-bewertung-von-cloud-
computing-fuer-kmu-am-beispiel-ecm

GRIN - Your knowledge has value

Der GRIN Verlag publiziert seit 1998 wissenschaftliche Arbeiten von Studenten, Hochschullehrern und anderen Akademikern als eBook und gedrucktes Buch. Die Verlagswebsite www.grin.com ist die ideale Plattform zur Veröffentlichung von Hausarbeiten, Abschlussarbeiten, wissenschaftlichen Aufsätzen, Dissertationen und Fachbüchern.

Besuchen Sie uns im Internet:

http://www.grin.com/

http://www.facebook.com/grincom

http://www.twitter.com/grin_com

Wirtschaftliche Bewertung von Cloud Computing für KMU am Beispiel ECM

erstellt am
Fachhochschul-Studiengang
Marketing und Electronic Business
FH OÖ, Standort Steyr

Bachelor-Arbeit I
zur Erlangung des akademischen Grades
Bachelor of Arts in Business (BA)
für wirtschaftswissenschaftliche Berufe

Eingereicht von
Ing. Patrick Ringseis

Steyr, am 22.03.2013

Danksagung·

Ich möchte mich an dieser Stelle bei den Personen bedanken, die mich bei der Erstellung dieser Arbeit unterstützt haben. Ein besonderer Dank gilt Herrn Dr. Hermann Pommer für die Betreuung meiner Arbeit.

Außerdem danke ich allen Vortragenden der FH Oberösterreich am Campus Steyr für die lehrreichen Vorträge, Vorlesungen und Präsentationen.

Inhaltsverzeichnis

Abbildungsverzeichnis

Tabellenverzeichnis

Abkürzungsverzeichnis / Glossar

bzw	beziehungsweise
CEO	Chief Executive Officer
CRM	Customer Relationship Management
CSP	Cloud-Service-Provider
DMS	Dokumentenmanagement-System
ECM	Enterprise Content Management
ERP	Enterprise Resource Planning
GB	Gigabyte
IaaS	Infrastructure as a Service
IT	Informationstechnologie
KMU	Kleine und mittlere Unternehmen
MA	Mitarbeiter
MIT	Massachusetts Institute of Technology
PaaS	Platform as a Service
PC	Personal Computer
SaaS	Software as a Service
SLA	Service Level Agreement
UN	Unternehmen
z.B.	zum Beispiel

Kurzfassung

Cloud Computing hat zumindest aus der IT-Sicht die Erde zu einem kleinen, überschaubaren Planeten geformt. Es ermöglicht zum einen den ortsunabhängigen Zugriff auf Daten und zum anderen die grenzenlose Zusammenarbeit mit Kollegen oder Partnern. Doch wie profitiert ein kleines oder mittleres Unternehmen tatsächlich von Cloud Computing und welchen wirtschaftlichen Nutzen haben Cloud-Services für solche Unternehmen?

Diese Fragen werden in dieser Bachelorarbeit mit Hilfe von strukturierter Aufbereitung und Auswahl wichtiger, geeigneter Quellen beantwortet. Nach den Begriffsdefinitionen und den wichtigsten Grundlagen, wie zum Beispiel die Erklärung der unterschiedlichen Cloud-Formen, werden Cloud Computing und herkömmliche IT-Systeme gegenübergestellt und verglichen. Anschließend werden die Anforderungen von KMU an Cloud- und auch an ECM-Systeme analysiert, da die Wirtschaftlichkeitsbewertung anhand des Beispiels ECM-System erfolgt. Den Höhepunkt erreicht die Arbeit bei der Wirtschaftlichkeitsanalyse, bei dem anhand eines Kostenmodells prognostiziert wird, wie viel Prozent kleine und mittlere Unternehmen beim Einsatz von Cloud-Services im Vergleich zu On-Premise-Software einsparen können.

Das Kalkulationsmodell führt zu dem Ergebnis, dass kleine Unternehmen das größte Sparpotenzial beim Einsatz von Cloud Computing erzielen können und es sich auch für mittlere Unternehmen bezahlt macht, Cloud-Services einzusetzen. Sie können dadurch sowohl die IT-Kosten verringern als auch die innerbetriebliche Komplexität der IT-Systeme senken und zusätzlich die Flexibilität der Systeme bei der Änderung von Geschäftsprozessen steigern.

Das stetige Umsatzwachstum bei der Verwendung von Cloud Computing im B2B-Bereich bestätigt, dass es sich nicht um einen kurzfristigen Hype handelt, sondern dadurch die IT-Welt revolutioniert wird. Software wird vom Unternehmen als Service bezogen, daher muss es sich nicht mehr um die Infrastruktur oder Softwarewartungen kümmern, sondern kann am Beispiel ECM die Software einfach nutzen.

Executive Summary

Cloud Computing has formed at least from the IT perspective the earth to a small, little planet. It realizes remote access to data independent of the current user location and enables boundless collaboration with colleagues or partners. But what are the real benefits for small or medium sized enterprises and which economic benefits do cloud services have for such companies?

These questions are answered in this thesis with the help of a structured preparation and selection of important, appropriate sources. According to definitions the most important basics, such as the explanation of the different cloud types, are explained. Furthermore, cloud computing and traditional IT systems will be compared. Then the requirements of SMEs in the cloud and also to ECM systems are analyzed because the economic evaluation is based on the example "ECM system". The highlight of this work is the economic analysis in which the cost model predicts how much money companies can save if they use cloud services instead of on-premise software.

The cost model leads to the conclusion that small businesses have the largest saving potential by using cloud computing. However, it is also profitable for medium sized companies to use cloud services because they reduces IT costs and also the internal complexity of their IT systems. Additionally, they increase the flexibility of their systems during changing business processes.
The steady sales growth in the use of cloud computing in the B2B sector confirms that it is not a short term hype, but it revolutionizes the IT world. Software is provided as a service to the company and it does not have to worry about the IT infrastructure or server maintenance. The employees just use the software, for example the ECM-system, easily.

1 Einleitung

Cloud, Cloud, Cloud. Die Begriffe „Cloud" und „Cloud Computing" sind in den letzten Jahren zu Trendwörtern geworden. Sie werden allerdings in vielen Fällen falsch verwendet oder falsch interpretiert. Sogar unter jenen, die glauben das Thema zu verstehen, herrschen des Öfteren Meinungsverschiedenheiten über die Definition von Cloud Computing. Das liegt unter anderem daran, dass es keine einheitliche Definition für Cloud Computing gibt und aufgrund des Trendworts sehr viel über Cloud gesprochen wird. [1]
In diesem Trendthema gilt es vor allem für Unternehmen Überblick zu bewahren und die richtigen strategischen Überlegungen zu führen, um mögliche Vorteile von Cloud Computing nutzen zu können.
Denn eine Studie von BITKOM (Bundesverband Informationswissenschaft, Telekommunikation und neue Medien) zeigt, dass der Umsatz von Cloud-Services in den nächsten Jahren extrem stark steigen wird. Im deutschen Markt wird ein Umsatzwachstum von knapp 50% pro Jahr bis 2015 prognostiziert.[2]
Diese Bachelor-Arbeit soll neben der Klärung des Begriffs und der Abgrenzung der verschiedenen Möglichkeiten aufzeigen, ob es sich für KMU wirtschaftlich rentiert, Services in der Cloud zu nutzen.

1.1 Problemstellung

Die IT hat zu einer Beschleunigung der Geschäftsprozesse geführt. IT-Nutzer fordern daher eine flexible IT, die sich an den Anforderungen der Geschäftsprozesse orientiert. [3]
Diese Anforderung kann zwar Cloud Computing erfüllen, jedoch bedeutet der Wechsel in die Cloud für Unternehmen eine große Herausforderung.
Aufgrund des Themas haben sich für diese Bachelor-Arbeit folgende Forschungsfragen ergeben:

1. Was ist Cloud Computing (genaue Definition und Abgrenzung) und welche Formen gibt es?
2. Was sind die Vor- und Nachteile von Cloud Computing gegenüber herkömmlichen IT-Systemen?
3. Welche Anforderungen stellen KMU an ein ECM-System?
4. Ist Cloud Computing für KMU im ECM-Bereich wirtschaftlich rentabel?

---

[1] Vgl. Rittinghouse, Ransome, 2011, S.xxvi-xxvii
[2] Vgl. Shahd, 2010. URL: http://www.bitkom.org/de/themen/61492_65427.aspx [05.10.2012]
[3] Vgl. Weber, 2010, S. 13. URL:
http://www.bitkom.org/files/documents/BITKOM_Leitfaden_Cloud_Computing-
Was_Entscheider_wissen_muessen.pdf [18.11.2012]

1.2 Zielsetzung

Das Hauptziel dieser Bachelorarbeit ist, die Einführung von Cloud Computing in KMU wirtschaftlich zu bewerten. Weitere Ziele sind die Vor- und Nachteile von Cloud Computing gegenüber herkömmlichen IT-Systemen aufzuzeigen, sowie die typischen Anforderungen von KMU an ein ECM-System aufzulisten.

1.3 Aufbau und Struktur

Kapitel 1:

Im ersten Abschnitt wird das Ziel dieser wissenschaftlichen Arbeit definiert, die Problemstellung erörtert und der Aufbau und die Struktur der Arbeit dargestellt.

Kapitel 2:

Darin werden alle relevanten Begriffe rund um die Themen „Cloud Computing" und „KMU" definiert und ähnliche Begriffe voneinander abgegrenzt bzw. gleichgestellt. Des Weiteren werden Standardtechnologien und Grundprinzipien, die von Cloud Computing verwendet werden, erklärt.

Kapitel 3:

In diesem Kapitel wird analysiert, ob bzw. warum es sich für KMU überhaupt rentiert, die Services von Cloud Computing zu verwenden. Dabei werden Möglichkeiten von Cloud Computing mit herkömmlichen IT-Systemen verglichen, gegenübergestellt und auch die Vor- und Nachteile von Cloud Computing unter Einbeziehung verschiedener Aspekte, wie z.B. Datensicherheit, ausgearbeitet.

Kapitel 4:

In diesem Kapitel werden zum einen Anforderungen von KMU an ein ECM-System analysiert und zum anderen die Erwartungen an ein Cloud-System festgehalten.

Kapitel 5:

Im letzten Kapitel erfolgt die wirtschaftliche Bewertung von Cloud Computing im Rahmen eines Kostenmodells, wo auch unterschiedliche Unternehmensgrößen verglichen werden und Sparpotenziale aufgezeigt werden. Dadurch soll geäußert werden können, wie viel Prozent der IT-Kosten kleine und mittlere Unternehmen bei der Einführung von Cloud Computing im ECM-Bereich einsparen können.

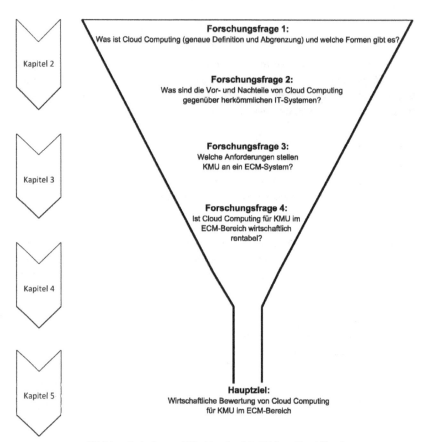

Abbildung 1: Aufbau und Struktur der Arbeit (eigene Darstellung)

2 Begriffsdefinitionen und Grundlagen

In diesem Kapitel sind alle relevanten Begriffe rund um die Themen „Cloud Computing", „ECM" und „KMU" definiert. Außerdem werden ähnliche Begriffe voneinander abgegrenzt bzw. gleichgestellt. Des Weiteren sind Standardtechnologien und Grundprinzipien, die von Cloud Computing verwendet werden, anschaulich dargestellt.

2.1 Definition Cloud Computing

Die amerikanische Bundesbehörde für Standardisierungsprozesse „NIST" (National Institute of Standards and Technology) definiert Cloud Computing wie folgt: "Cloud computing is a model for enabling convenient, on demand network access to a shared pool of configurable computing resources (e.g., networks, servers, storage, applications, and services) that can be rapidly provisioned and released with minimal management effort or service provider interaction."[4]

Cloud Computing verfügt über drei unterschiedliche Service-Modelle und kann in vier unterschiedlichen Ausprägungen ausgeliefert werden:

2.1.1 Rollen im Cloud Computing

2.1.1.1 Cloud-Service-Provider

Der Cloud-Service-Provider stellt Cloud-Services in unterschiedlichen Modellen zur Verfügung.[5]

2.1.1.2 Cloud-Nutzer

Der Cloud-Nutzer vereinbart mit dem Cloud-Service-Provider einen Vertrag, in dem definiert ist, welche Services bezogen werden und welche Gebühr an den CSP zu verrichten ist und nutzt Cloud-Services.[6]

2.1.2 Service-Modelle

2.1.2.1 Software as a Service (SaaS)

Der Kunde hat dabei die Möglichkeit, Applikationen zu nutzen, die auf einer Cloud-Infrastruktur installiert sind. Für die Nutzung wird eine Internetanbindung an das System des externen Dienstleisters benötigt. Die Organisation, Wartung und Bereitstellung der Cloud-Infrastruktur übernimmt der Anbieter. Das bedeutet auch, dass sich der Kunde

---

[4] Mell, Grance, 2011, S. 2
[5] Vgl. Engle, 2011, S. 1
[6] Vgl. Engle, 2011, S. 1

nicht um die ständige Verfügbarkeit der Software kümmern muss, da das der Anbieter übernimmt.[7]

2.1.2.2 Platform as a Service (PaaS)

Bei "Platform as a Service" handelt es sich um ein Service, welches die Umgebung für die Entwicklung von Anwendungen zur Verfügung stellt. Das PaaS-Konzept stellt alle notwendigen Mittel bereit, um den kompletten Lebenszyklus einer Softwareanwendung mit einem System zu unterstützen. Dazu gehören die Entwicklung, Verbreitung und Anwenden von Softwareanwendungen via Internet. Entwickler können so den Fokus auf Innovation legen und müssen sich nicht um die Infrastruktur kümmern.[8]

2.1.2.3 Infrastructure as a Service (IaaS)

IaaS stellt eine Computer-Infrastruktur zur Verfügung. Konsumenten können dadurch das Service, eine Rechnerinfrastruktur zu mieten, beanspruchen. Folgende Komponenten sind typischerweise in einer Cloud-Infrastruktur enthalten:

- Hardware
- Netzwerk
- Internetverbindung
- Virtualisierungsumgebung
  Dadurch können kundenspezifische virtuelle Maschinen gehostet werden.
- Service-Level-Agreements

IaaS bildet die Basis für die oben beschriebenen Service-Modelle SaaS und PaaS.[9]

---

[7] Vgl. Rittinghouse, Ransome, 2010, S. 50
[8] Vgl. Rittinghouse, Ransome, 2010, S.48
[9] Vgl. Rittinghouse, Ransome, 2010, S. 34-35

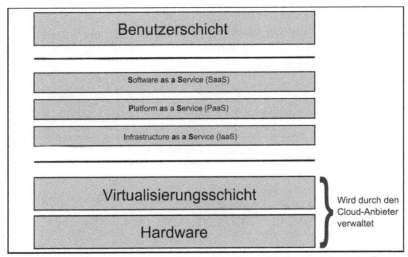

Abbildung 2: Einteilung der Service-Modelle in der Gesamtsicht von Cloud Computing[10]

2.1.3 Ausprägungen

Neben der Art der erbrachten Services gibt es verschiedene Ausprägungsformen von Cloud Computing, die sich in Bezug auf den Betrieb der Cloud unterscheiden: [11]

2.1.3.1 Private Cloud

Die Cloud-Infrastruktur wird exklusiv für eine Organisation zur Verfügung gestellt. Dabei kann die Cloud vom eigenen Unternehmen oder auch von einem externen Unternehmen betrieben werden. [12], [13]

2.1.3.2 Community Cloud

Die Cloud-Infrastruktur ist für die exklusive Nutzung durch eine bestimmte Gemeinschaft von Organisationen bereitgestellt, wie zum Beispiel mehrere Behörden oder mehrere Unternehmen, die ähnliche Interessen teilen. [12, 13]

2.1.3.3 Public Cloud

Die Cloud-Infrastruktur ist für die offene Nutzung durch User weltweit bereitgestellt. Sie kann von einem Unternehmen oder einer staatlichen Organisation verwaltet und betrieben werden. [12, 13]

---

[10] Quelle: Eigene Darstellung (inhaltlich übernommen aus Vossen, Haselmann, Hoeren, 2012, S. 29)

[11] Vgl. Vossen, Haselmann, Hoeren, 2012, S. 30

[12] Vgl. Mell, Grance, 2011, S. 3

[13] Vgl. Engle, 2011, S. 20

2.1.3.4 Hybrid Cloud

Die hybride Cloud stellt eine Cloud-Infrastruktur dar, wo zwei oder mehrere Cloud-Services kombiniert werden. Jedes Service ist für sich eigenständig, der Zusammenschluss ermöglicht sicheren Datenaustausch.[14], [15]

In folgender Abbildung sind die unterschiedlichen Ausprägungsformen in einem Gesamtbild dargestellt:

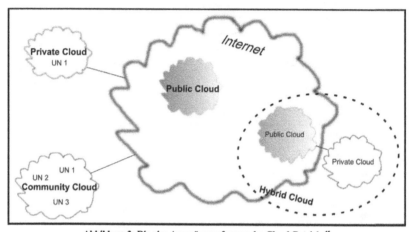

Abbildung 3: Die vier Ausprägungsformen des Cloud-Betriebs[16]

2.2   Technische Grundlagen

2.2.1   Zugriff auf Cloud-Systeme

Voraussetzung für die Nutzung eines Cloud-Systems ist ein umfassender Netzwerkzugriff. Denn Cloud-Services werden über ein Netzwerk, in der Regel über das Internet, zur Verfügung gestellt. Dabei kommen Standardprotokolle wie http oder XML zur Anwendung. Durch die Fokussierung auf standardisierte Netzwerkzugriffe werden die meisten Endgeräte unterstützt. Welche Endgeräte unterstützt werden, hängt vom jeweiligen Anbieter ab, aber in der Regel können Cloud-Nutzer die Services sowohl mit Notebooks als auch mit Tablets oder Smartphones nutzen.[17]

2.2.2   Virtualisierung

Durch eine Virtualisierung werden logische Ressourcen auf der Hardware (ist gleich physische Ressource) abgebildet. Das Ziel dabei ist eine Abstraktion von der tatsächlich vor-

---

[14] Vgl. Mell, Grance, 2011, S. 3

[15] Vgl. Engle, 2011, S. 20

[16] Quelle: Eigene Darstellung (Inhaltlich übernommen aus Vossen, Haselmann, Hoeren, 2012, S.32

[17] Vgl. Vossen, Haselmann, Hoeren, 2012, S. 24

handenen Hardware, wodurch Vorteile für den Systembetreiber entstehen. Zum einen erzielt der Betreiber eine effizientere Hardware-Ausnutzung und zum anderen vereinfacht eine Virtualisierung die Administration der Systeme. Außerdem stellt eine Virtualisierung eine bessere Sicherheit der Systemarchitektur dar, indem die Trennung von Systemen durchgehalten werden kann. Der Hauptnutzen des Cloud-Data-Center-Betreibers ist dabei die hohe Auslastung der Hardware, wodurch weniger Hardware und somit niedrigere Serverkosten realisiert werden können.

Die Realisierung einer virtuellen Architektur setzt eine Software für die virtuellen Maschinen voraus. Die Software kümmert sich um die Abbildung und Verwaltung der Ressourcen.

Für die Anwender von Cloud-Services macht es keinen Unterschied, ob ein System auf physischen oder logischen Ressourcen aufgebaut ist.[18]

2.2.2.1 Load Balancing

Load Balancing gleicht Zugriffsspitzen aus, indem die Requests auf mehreren Webservern verteilt werden. Darüber hinaus wird Load Balancing für die Sicherstellung der Systemverfügbarkeit verwendet. Wenn ein Server ausfällt, kann das System die Zugriffe automatisch auf einen anderen Server umleiten.[19]

2.2.3   Service Level Agreement (SLA)

Service Level Agreements dienen als konstruktive Arbeitsbeziehung zwischen Cloud-Provider und Cloud-Nutzer. Das Ziel eines SLA ist die Transparenz und Messbarkeit der zu einbringenden Dienstleistungen.[20]

Darin werden beispielsweise Vereinbarungen über Ressourcenzuteilung, Verfügbarkeiten und Reaktionszeiten definiert. Darüber hinaus werden in einer SLA Sicherheit, Prioritäten, Garantien und Abrechnungsmodalitäten festgehalten.[21]

2.3   Enterprise Content Management (ECM)

„Im Sinne von „Content Management" werden typischerweise nicht alle datenhaltenden Anwendungen (also z.B. ERP-Anwendungen), sondern eher dokumentennahe Systeme wie Archivsysteme, Web-Redaktionssysteme oder DMS-Lösungen mit diesem Begriff assoziiert."[22]

Im ECM-Bereich gibt es viele Begriffe, die im Zusammenhang mit ECM stehen.

---

[18] Vgl. Vossen, Haselmann, Hoeren, 2012, S. 17-18
[19] Vgl. Rittinghouse, Ransome, 2010, S. 49
[20] Vgl. Kleiner, Müller, Köhler, 2005, S.28
[21] Vgl. URL: http://www.computerwoche.de/management/cloud-computing/1911722/ [01.11.2012]
[22] Engel, 2012, S. 16. URL:
http://www.bitkom.org/files/documents/Leitfaden_ECM_Ueberblick_Definition(1).pdf [04.11.2012]

In folgenfolgender Übersicht werden alle wichtigen Begriffe rund um ECM dargestellt.

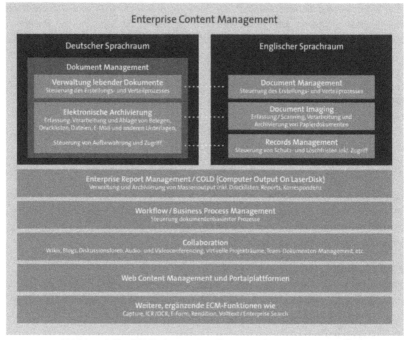

Abbildung 4: Begrifflichkeiten rund um Enterprise Content Management[23]

2.4 KMU

Da der Fokus bei der Analyse auf KMUs liegen soll, wird in diesem Kapitel der Begriff KMU definiert:

Die Einteilung nach Kleine und mittlere Unternehmen kann pro Staat unterschiedlich sein, es gibt allerdings von der Europäischen Kommission eine Definition, die wie folgt aussieht:

Die Definition von KMU erfolgt gemäß der Europäischen Kommission anhand der Parameter:

- Mitarbeiteranzahl
- Jahresumsatz
- Bilanzsumme

---

[23] Quelle: Engel, 2012, S. 14. URL:

http://www.bitkom.org/files/documents/Leitfaden_ECM_Ueberblick_Definition(1).pdf [04.11.2012]

In folgender Tabelle ist ersichtlich, dass die max. Mitarbeiteranzahl bei 250 liegt und dabei der Jahresumsatz weniger als 50 Mio. EUR betragen muss, um noch als ein mittleres Unternehmen zu gelten.

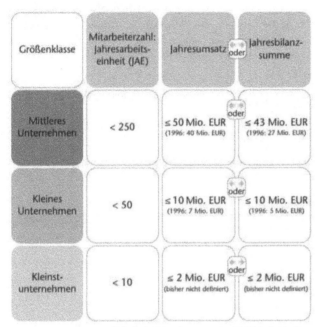

Tabelle 1: Schwellenwerte der KMU-Definition[24]

2.5   Zusammenfassung der Grundlagen

Die Definition aller wichtigen Begriffe rund um das Thema „Cloud Computing" ist als Basis für die restliche Arbeit wichtig. Die unterschiedlichen Cloud-Formen (Hybrid Cloud, Public Cloud, Community Cloud und Private Cloud) sowie die unterschiedlichen Service-Modelle (SaaS, PaaS, IaaS) sind bei der Anforderungsanalyse von Unternehmen an ein Cloud-Service zu beachten, um das optimale Cloud-Service für die Anforderungen des Unternehmens zu beziehen.

---

[24] Online im WWW unter URL:
http://ec.europa.eu/enterprise/policies/sme/files/sme_definition/sme_user_guide_de.pdf [Stand 03.11.2012]

3 Gegenüberstellung von Cloud Computing mit herkömmlichen IT-Systemen

In diesem Kapitel wird analysiert, ob bzw. warum es sich für KMU überhaupt rentiert, die Services von Cloud Computing zu verwenden. Dabei werden Möglichkeiten von Cloud Computing mit herkömmlichen IT-Systemen verglichen, gegenübergestellt und auch die Vor- und Nachteile von Cloud Computing unter Einbeziehung verschiedener Aspekte, wie z.B. Datensicherheit, ausgearbeitet.

3.1 Vorteile von Cloud Computing

Die zwei größten Vorteile von Cloud Computing sind Senkung der Kosten und Steigerung der Flexibilität.[25]

In den folgenden Kapiteln werden diese beiden Faktoren genauer analysiert:

3.1.1 Kostensenkung

Das Argument, der Kostensenkung durch die Einführung von Cloud-Services im Unternehmen, ist ein großer Motivationsfaktor für KMU. [26]

Denn im Durchschnitt werden nur 11% des IT-Budgets eines Unternehmens für Software-Weiterentwicklung bzw. Neuentwicklung ausgegeben. Der Rest wird für Wartungen und Infrastruktur verwendet.[27]

Welche Kosten sich tatsächlich einsparen lassen, wird in folgenden Punkten aufgelistet:

- **Personalkosten**
  Das Personal des Unternehmens, das Cloud-Services bezieht, braucht sich nicht mehr um Aufgaben wie Wartung der Server, Installation, Fehleranalysen, etc. kümmern, da diese Aufgaben der Cloud-Service-Provider übernimmt.

- **Hardwarekosten**
  Der Cloud-Nutzer muss keine Server betreiben. Er bezahlt zwar eine Gebühr für die Service-Nutzung, die z.B. beim Pay-per-Use-Modelle allerdings aufgrund der tatsächlichen Nutzung abgerechnet wird. Ausgaben für Sicherheitsreserven, überschüssige Server, die im eigenen Rechenzentrum oft betrieben werden, entfallen.

---

[25] Vgl. Vossen, Haselmann, Hoeren, 2012, S. 32-33
[26] Vgl. Vossen, Haselmann, Hoeren, 2012, S. 32-33
[27] Vgl. McAfee, 2011, S. 126

- **Lizenzkosten**
  Bei der Beschaffung von Software, vor allem jene, die nur selten genutzt wird, können Kosten eingespart werden.[28]

3.1.2 Steigerung der Flexibilität

Das zweite Argument, das für den Einsatz von Cloud Computing spricht, ist die Steigerung der Flexibilität.[29]

Infrastruktur

So können z.B. Systemschwankungen, also Schwankungen der Systemlast, von Cloud-Services leichter ausgeglichen werden als von der internen IT-Infrastruktur. Dieses Konzept heißt „Rapid Elasticity" und ermöglicht die dynamische Ressourcenfreigabe für Cloud-Services.[30]

Steigerung der Zugriffs- und Zusammenarbeitsmöglichkeiten

Durch Cloud-Services kann von jedem beliebigen geografischen Punkt, vorausgesetzt es besteht eine Internetverbindung, auf die Cloud zugegriffen werden.[31]
Des Weiteren ist eine Verbindung zu den meisten Cloud-Systemen mit verschiedenen Endgeräten, wie Desktop-PCs, Notebooks, Smartphones und Tablets realisierbar, wie beispielsweise mit dem Public Cloud-System „Folio Cloud" der Firma Fabasoft. Dadurch sind die Cloud-Nutzer unabhängig und flexibel.[32]
Außerdem stellt die Möglichkeit des unternehmens- und organisationsübergreifenden Datenaustauschs bei der externen Zusammenarbeit einen wesentlichen zusätzlichen Vorteil dar.

3.2 Nachteile von Cloud Computing

3.2.1 Informationssicherheit

Das Thema Sicherheit ist bei den Unternehmen eine der größten Barrieren für die Einführung von Cloud Computing.[33]

3.2.1.1 Definition von Sicherheit

Sicherheit wird als zusammengesetzter Begriff gesehen, der folgende Themen beinhaltet:
- Vertraulichkeit
- Vermeidung unbefugter Weitergabe von Informationen
- Integrität (Verhinderung unautorisierter Änderung von Information)

---

[28] Vgl. Vossen, Haselmann, Hoeren, 2012, S. 32-34
[29] Vgl. Vossen, Haselmann, Hoeren, 2012, S. 32-34
[30] Vgl. Vossen, Haselmann, Hoeren, 2012, S. 23
[31] Vgl. Romero, 2012, S. 111
[32] Vgl. URL: http://www.foliocloud.com/tablets-und-smartphones-als-business-werkzeuge.html [18.11.2012]
[33] Vgl. Sun, 2011, 2853

- Verhinderung der unbefugten Änderung oder Vernichten von Informationen und Verfügbarkeit
- Die Verhinderung der unbefugten Vorenthaltung von Informationen[34]

Die drei Hauptdimensionen der Informationssicherheit sind demnach die Themen Verfügbarkeit, Vertraulichkeit und Integrität.

3.2.1.2 Sicherheitsbedenken in der Cloud

Da bei Cloud Computing die sensiblen Unternehmensdaten in Cloud-Rechenzentren auf virtuellen Maschinen abgelegt werden, kann das potentielle Risiken hervorheben. Diese potentiellen Risiken sehen viele Unternehmen als den größten Nachteil von Cloud Computing, bei dem die Parameter Verfügbarkeit, Vertraulichkeit und Integrität skeptisch betrachtet werden.[35]

Verfügbarkeit
Wenn der Cloud-Anbieter beschließt, das Cloud-Service aus unbekannten Gründen einzustellen oder der Anbieter seine Server nicht rund um die Uhr zur Verfügung stellen kann, ist die Verfügbarkeit nicht gegeben.

Vertraulichkeit
Hier gibt es Bedenken, wie vertraulich die in der Cloud abgelegten Daten tatsächlich behandelt werden. Unternehmen stellen sich Fragen wie z.B. wer außer den definierten berechtigten Personen noch auf die Daten zugreifen kann. Durch das Auslagern der Daten entsteht auch ein Kontrollverlust.[36]

Integrität
Dabei handelt es sich um Unbefugtes Ändern oder Löschen von Informationen.[37]

3.2.2 Lock-In-Effekt

Hat sich das Unternehmen entschlossen, ein Cloud-Service zu verwenden und einen Cloud-Anbieter bereits ausgewählt, tritt der Lock-In-Effekt ein. Wenn das Unternehmen die Daten in die Cloud ablegt und somit das Service des Anbieters nutzt, entsteht dadurch eine gewisse Abhängigkeit zum Cloud-Anbieter. Dieser auftretende Lock-In-Effekt kann ein Nachteil bei einer Änderung der Servicetarife seitens des Anbieters sein oder falls sich der Anbieter entscheiden sollte, das Cloud-Service zu beenden. Im zweiten Fall stehen beim Cloud-Nutzer weitere Aufwände und Kosten an, die Daten wieder umzuschichten und sich möglicherweise nach einen neuen Cloud-Anbieter umsehen zu müssen.[38]

---

[34] Algirdas, 2004, S. 11-33
[35] Vgl. Sun, 2011, S. 2853
[36] Vgl. Sun, 2011, S. 2853
[37] Vgl. Sun, 2011, S. 2853
[38] Vgl. Vossen, Haselmann, Hoeren, 2012, S. 104-107

3.2.3   Abhängigkeit von der Internet-Anbindung

Wird ein Cloud-Service von einem Provider bezogen, muss zum einen sichergestellt sein, dass das Cloud-Service läuft und zum anderen, dass die Internetverbindung vom Cloud-Nutzer zum Cloud-Anbieter funktioniert. Ist das nicht der Fall, kann das Unternehmen nicht auf seine Daten zugreifen.[39]

3.3   Zusammenfassung der Gegenüberstellung

Die Senkung der IT-Kosten sowie die Steigerung der Flexibilität sind die zwei größten Vorteile von Cloud Computing gegenüber herkömmlichen IT-Systemen (On-Premise). Ein Nachteil ist neben der Abhängigkeit vom Cloud-Anbieter und von der eigenen Internet-Anbindung das Thema Sicherheit. Die Vorteile überwiegen allerdings aus meiner Sicht recht deutlich und sollen dazu motivieren, Cloud-Services zu nutzen. Denn die Abhängig-keiten vom Cloud-Anbieter und das Sicherheitskonzept sollten sich vertraglich im Rahmen des Service Level Agreements mit dem Cloud-Provider regeln lassen.

---

[39] Vgl. Vossen, Haselmann, Hoeren, 2012, S.35

4 Anforderungen von KMU an Cloud- und ECM-Systeme

Dieses Kapitel handelt über Anforderungen von KMU an ein ECM-System und außerdem welche Erwartungen Unternehmen an ein Cloud-System haben.

4.1 Einsparung von IT-Kosten und Konzentration auf Kernkompetenz

Durch die Einführung von Cloud Computing sollen im Unternehmen Kosten gespart werden. „Gerade kleine und mittlere Unternehmen können auf diese Weise hochinnovative Leistungen in Anspruch nehmen, ohne in den Aufbau und die Wartung von großen Rechenzentren zu investieren."[40]
Mittels Auslagerung der IT-Services in die Cloud sollen sich KMU auf die Kernkompetenz konzentrieren und den Wettbewerbsvorteil ausbauen können.[41]

4.2 Geringere Komplexität

Knapp 80% der CEOs sind der Meinung, dass die interne IT-Infrastruktur immer komplexer wird und mehr als die Hälfte davon befürchtet, dass sie Probleme mit dieser Komplexitätssteigerung bekommen werden.[42]
Daraus ergibt sich die Anforderung, die Komplexität der Infrastruktur zu reduzieren, was mit der Auslagerung der eigenen IT in die Cloud möglich wäre.

4.3 Service Level Agreements (SLAs)

SLAs haben im Cloud Computing eine zentrale Bedeutung. Die gemeinsam definierten Vereinbarungen sollte der Kunde so formulieren, wie er sich das wünscht. Wichtig ist dabei die detaillierte Beschreibung aller Eventualitäten, sodass im Fehlerfall klar ist, wie zu handeln ist.[43]
Einer der häufigsten und wichtigsten Anforderungen an ein Cloud System ist die Zuverlässigkeit. Durch das Outsourcen des IT-Systems ist es umso wichtiger, ein SLA zu definieren, indem das System zumindest gleich stabil ist als bei der On-Premise-Installation.[44]

4.4 Sicherheit

Sicherheit bedeutet für die Unternehmen zum einen, dass keine außenstehenden, nicht berechtigten Personen auf die Unternehmensdaten zugreifen können und zum anderen,

---

[40] Brüderle, 2010, S.6, URL: http://www.bitkom.org/files/documents/BITKOM_Leitfaden_Cloud_Computing-Was_Entscheider_wissen_muessen.pdf [18.11.2012]
[41] Vgl. Brüderle, 2010, S.6, URL:
http://www.bitkom.org/files/documents/BITKOM_Leitfaden_Cloud_Computing-Was_Entscheider_wissen_muessen.pdf [18.11.2012]
[42] Vgl. McAfee, 2012, S.126
[43] Vgl. Manhart, 2009, URL: http://www.computerwoche.de/a/zur-rolle-von-slas,1911722 [01.11.2012]
[44] Vgl. McAfee, 2011, S.131

dass das Unternehmen die Zugriffsrechte selbst regeln kann und einen Überblick hat, welche Mitarbeiter welche Dokumente im Unternehmen lesen bzw. bearbeiten können. Das ist beispielsweise wichtig, wenn Mitarbeiter aus dem Unternehmen ausscheiden. In diesem Fall muss es möglich sein, der Person unverzüglich alle Rechte auf alle unternehmensrelevanten Dokumente in der Cloud entziehen zu können.[45]

4.5 Rechtliche Aspekte

Cloud-Service-Nutzer wollen aufgrund der rechtlichen Thematik die Gewissheit haben und wissen, an welchem geographischen Ort ihre Daten liegen. Unternehmen ist es dabei wichtig, dass ihre Daten gesammelt an einem Ort liegen und sich nicht verstreut im Internet befinden, da die Standortfrage darüber entscheidet, auf welche Rechte sich Nutzer berufen können.[46]

4.6 Integration des ECM-Systems in Geschäftsprozesse

Den Geschäftsprozessen soll eine vollständige, einheitliche und jederzeit verfügbare Informationsbasis zur Verfügung gestellt werden. Dadurch unterliegen die in den Prozessen benötigten Informationen einer einheitlichen Verwaltung, wodurch eine Mehrfachablage oder doppelte Speicherung von Dokumenten minimiert wird. Medienbrüche sollen weitgehend verhindert werden. Durch die Verwendung eines elektronischen Workflows im ECM-System soll die Laufzeit eines Geschäftsprozesses verkürzt werden und somit Prozessdurchläufe schneller erfolgen können.[47]

4.7 Zusammenfassung der Anforderungen

Die derzeitige Hauptanforderung an IT-Systeme ist die Verringerung der Komplexität. Eine Studie zeigt recht deutlich, dass ca. 50% der CEOs befürchten, Probleme mit der komplexen IT-Infrastruktur zu bekommen. Die Anforderungen an Cloud-Services beziehen sich auf die Themen Kostensenkung, rechtliche Aspekte und Sicherheit. Deshalb ist aus meiner Sicht eine Vertrauensgrundlage zwischen Cloud-Nutzer und Cloud-Provider Voraussetzung für eine erfolgreiche Zusammenarbeit.

---

[45] Vgl. McAfee, 2011, S.131
[46] Vgl. McAfee, 2011, S.132
[47] Vgl. Engel 2012, S.8, URL:
http://www.bitkom.org/files/documents/Leitfaden_ECM_Ueberblick_Definition(1).pdf [04.11.2012]

5   Wirtschaftlichkeitsanalyse

Der MIT-Wissenschaftler Andrew McAfee hat in Zusammenarbeit mit dem Unternehmen Google Inc. und der Beratungsfirma Analysis Group, Inc. in einer Studie untersucht, wie viel KMU bei der Verwendung von Cloud Computing anstatt herkömmlichen IT-Systemen (On-Premise) einsparen können. Im Zuge dieser Studie wurde auch ein Berechnungsmodell veröffentlicht, mit dem für jedes kleines oder mittleres Unternehmen ein spezifisches Kostenmodell aufgestellt werden kann.[48]

Auf Basis dieses Berechnungsmodells soll die Wirtschaftlichkeit von Cloud Computing bei kleinen und mittleren Unternehmen berechnet werden können.

5.1   Relevante Parameter

5.1.1   Unternehmensdaten
Für die Berechnung sind laut McAfee folgende Unternehmensparameter relevant:

Parameter	Erklärung
Number of Users	Anzahl der PC-User im Unternehmen
User Growth Rate	Wachstumsrate der MA pro Geschäftsjahr
Technology Discount Rate [%]	Reduzierung der Ausgaben für Hardware anfänglichen Kosten für Upgrades. Default = 8%. Basiert auf historischen Daten von BEA (Bureau of Economic Analysis) und BLS (Bureau of Labor Statistics).
Discount Rate / Cost of Capital (WACC) [%]	Gewichtete durchschnittliche Kapitalkostensatz, um die Mindestrendite für Investitionsprojekte zu bestimmen.
Duration of Analysis (Years)	Anzahl der Geschäftsjahre, die prognostiziert werden sollen.
Server Hardware Lifespan (Years)	Durchschnittliche Lebensdauer der im UN eingesetzten Server-Hardware.
PC Hardware Lifespan (Years)	Durchschnittliche Lebensdauer der im UN eingesetzten Client-PCs.
Server Software Lifespan (Years)	Durchschnittliche Nutzungsdauer einer Server-Software.
PC Software Lifespan (Years)	Durchschnittliche Nutzungsdauer einer Client-Software.
Switch/Conversion Costs ($ per GB)	Migrationskosten beim Wechsel in die Cloud. Dabei wird nach Aufwand pro Gigabyte kalkuliert.
File Storage per User (GB)	Benötigter Serverspeicher für das ECM-System pro User in GB.
Email Storage per User (GB)	Benötigter Mailserverspeicher pro User in GB.
CRM Users Required	Benötigt Unternehmen CRM-System-Benutzer?
User to CRM User Ratio	Anzahl der CRM-Benutzer im Unternehmen.
Cloud vs. On-Premise IT Labor Reduction [%]	Personaleinsparung in der IT-Abteilung nach Wechsel in die Cloud.

---

[48] URL: http://www.it-business.de/marktforschung/studien/articles/384824/

Parameter	Erklärung
Cloud Software Cost Assumption Adjustments	Multiplikationsfaktor für Cloud-Kosten.
Cloud Software Implementation Costs	Implementierungskosten pro Cloud Software Solution (E-Mail, Office-Tools, ERP und CRM). Zusätzlich zu den Datenmigrationskosten.

Tabelle 2: Parameter für die Berechnung der Cloud- vs. On-Premise-Kosten[49]

5.1.2 IT-Systeme

Das Berechnungsmodell von Andrew McAfee berücksichtigt die IT-Systeme E-Mail-Server, Office-Tools (z.B. Microsoft Word), ERP-System, CRM-Software und Dateisoftware. Bei der Kalkulation wird berücksichtigt, wie viele der genannten Systeme in die Cloud verlagert werden sollen und welche Kosten dabei auftreten. Bei folgenden Berechnungsmodellen wird CRM-Software und Dateisoftware zusammengefasst und nur „ECM" genannt, da es auch Cloud-Services gibt, die beides vereinen, wie zum Beispiel Fabasoft Folio Cloud.[50]

5.1.3 Kostenarten

Die Kostenarten bei den IT-Systemen werden wie folgt unterteilt: Hardwarekosten, Softwarekosten, Schulungen (Trainings), Administration & Support und Migrationskosten.

5.2 Berechnungen der Cloud- vs. On-Premise-Kosten

Zunächst werden in folgender Tabelle die Werte der Unternehmensparameter definiert. Die Berechnungen werden für drei Unternehmensgrößen durchgeführt:
- Kleines Unternehmen mit 20 Mitarbeitern
- Mittleres Unternehmen mit 100 Mitarbeitern
- Mittleres Unternehmen mit 200 Mitarbeitern

Dabei wird angenommen, dass jeder Mitarbeiter im Unternehmen einen Client-PC besitzt und auch IT-Services nutzt.

---

[49] Vgl. URL: https://docs.google.com/spreadsheet/ccc?key=0AjFVAaH_U6vidG9EdFNrN3FyYTFhMWJERG03MERuX2c#gid=0 [27.12.2012]

[50] URL: http://www.cloudappstore.com/de/crm.html, URL: https://www.foliocloud.com/das-ist-folio-cloud.html

Parameter	Werte für 20 MA	Werte für 100 MA	Werte für 200 MA
Number of Users	20	100	200
User Growth Rate	0%	0%	0%
Technology Discount Rate	8%	8%	8%
Discount Rate / Cost of Capital (WACC)	10%	10%	10%
Duration of Analysis	5	5	5
Server Hardware Lifespan	3 JAHRE	3 JAHRE	3 JAHRE
PC Hardware Lifespan	3 JAHRE	3 JAHRE	3 JAHRE
Server Software Lifespan (Years)	3 JAHRE	3 JAHRE	3 JAHRE
PC Software Lifespan	3 JAHRE	3 JAHRE	3 JAHRE
Switch/Conversion Costs ($ per GB)	$ 10,-	$ 10,-	$ 10,-
File Storage per User (GB)	75 GB	75 GB	75 GB
Email Storage per User (GB)	2 GB	2 GB	2 GB
CRM Users Required	JA	JA	JA
User to CRM User Ratio	2	5	10
Cloud vs. On-Premise IT Labor Reduction (%)	50%	50%	50%
Cloud Software Cost Assumption Adjustments	1	1	1
Cloud Software Implementation Costs	$ 10,-	$ 10,-	$ 10,-
Move to Cloud	E-MAIL UND ECM	E-MAIL UND ECM	E-MAIL UND ECM

Tabelle 3: Gegenüberstellung der Ausgangswerte für die Berechnung der Cloud-vs. On-Premise-Kosten

5.2.1 Ergebnis für Unternehmen mit 20 Mitarbeitern

Gegenüberstellung der Kosten für On-Premise IT vs. Cloud Computing - 20 User		Berechnete Kosten für die nächsten 5 Jahre	
Kostenart	**Beschreibung**	**Cloud**	**On-Premise**
Hardware	Hardwarekosten-Gesamt (Server, Storage, Infrastruktur)	$73,630.51	$159,343.04
Software	Softwarekosten-Gesamt (Lizenzkosten)	$31,875.40	$51,918.52
Training	Schulungsaufwände für die Einführung neuer Applikationen	$8,627.83	$12,941.75
Administration & Support	Support bei Implementierung und laufender Support	$98,073.09	$184,994.55
Wechselkosten (Migration)	Einmalige Kosten für Konvertierung der bestehenden Daten in die Cloud	$11,570.25	$0.00
Gesamt		$223,777.07	$409,197.86
Einsparung Cloud Computing (absolut)		$185,420.79	
Einsparung Cloud Computing (Prozent)		45.31%	

Tabelle 4: Tabellarische Kostenaufstellung für KMU mit 20 MA

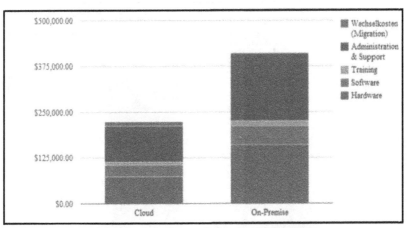

Tabelle 5: Grafische Kostenaufstellung für KMU mit 20 MA

Das Kostenmodell zeigt, dass ein kleines Unternehmen mit 20 Mitarbeitern in fünf Geschäftsjahren ca. 45% der IT-Kosten durch den Einsatz von Cloud Computing im ECM- und E-Mail-Bereich einsparen kann. Die meisten Kosten können bei der Hardware und bei der laufenden Administration eingespart werden.

5.2.2 Ergebnis für Unternehmen mit 100 Mitarbeitern

Gegenüberstellung der Kosten für On-Premise IT vs. Cloud Computing – 100 User		Berechnete Kosten für die nächsten 5 Jahre	
Kostenart	Beschreibung	Cloud	On-Premise
Hardware	Hardwarekosten-Gesamt (Server, Storage, Infrastruktur)	$155,725.61	$330,916.92
Software	Softwarekosten-Gesamt (Lizenzkosten)	$134,266.68	$201,702.11
Training	Schulungsaufwände für die Einführung neuer Applikationen	$43,139.15	$64,708.73
Administration & Support	Support bei Implementierung und laufender Support	$677,383.70	$1,033,794.41
Wechselkosten (Migration)	Einmalige Kosten für Konvertierung der bestehenden Daten in die Cloud	$57,851.24	$0.00
Gesamt		$1,068,366.38	$1,631,122.16
Einsparung Cloud Computing (absolut)		$562,755.78	
Einsparung Cloud Computing (Prozent)		34.50%	

Tabelle 6: Tabellarische Kostenaufstellung für KMU mit 100 MA

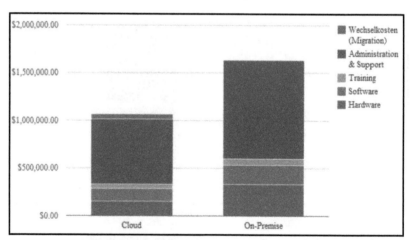

Tabelle 7: Grafische Kostenaufstellung für KMU mit 100 MA

Bei einem Unternehmen mit 100 Mitarbeitern zeigt das Kostenmodell ebenfalls eine Kosteneinsparung durch den Einsatz von Cloud Computing. Hier fällt der prozentuale Anteil mit ca. 34,5% allerdings etwas geringer aus als bei einem kleinen Unternehmen.

5.2.3   Ergebnis für Unternehmen mit 200 Mitarbeitern

Gegenüberstellung der Kosten für On-Premise IT vs. Cloud Computing - 200 User		Berechnete Kosten für die nächsten 5 Jahre	
Kostenart	Beschreibung	Cloud	On-Premise
Hardware	Hardwarekosten-Gesamt (Server, Storage, Infrastruktur)	$261,232.74	$435,655.51
Software	Softwarekosten-Gesamt (Lizenzkosten)	$262,392.30	$370,582.99
Training	Schulungsaufwände für die Einführung neuer Applikationen	$86,278.31	$129,417.46
Administration & Support	Support bei Implementierung und laufender Support	$1,102,498.27	$1,773,915.73
Wechselkosten (Migration)	Einmalige Kosten für Konvertierung der bestehenden Daten in die Cloud	$115,702.48	$0.00
Gesamt		$1,828,104.09	$2,709,571.69
Einsparung Cloud Computing (absolut)		$881,467.60	
Einsparung Cloud Computing (Prozent)		32.53%	

Tabelle 8: Tabellarische Kostenaufstellung für KMU mit 200 MA

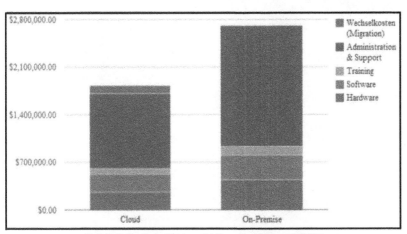

Tabelle 9: Grafische Kostenaufstellung für KMU mit 200 MA

Auch Unternehmen in der Größenordnung von rund 200 Mitarbeitern können massive Kosten bei der Auslagerung von ECM und E-Mail in die Cloud einsparen. Prozentuell gesehen, ergibt sich hier mit einer Einsparung von 32,5% zwar der geringste Wert im Vergleich zu den anderen, die absoluten Zahlen zeigen allerdings eine enorme Kostenreduktion. In Zeitraum von fünf Geschäftsjahren können über $881 000,- eingespart werden.

5.3   Zusammenfassung der Wirtschaftlichkeitsanalyse

Mit dem Berechnungsmodell von Andrew McAfee wird aufgezeigt, dass durch die Verlagerung von IT-Komponenten in die Cloud massive Kosten eingespart werden können. Obwohl bei der Migration eines Systems vom Unternehmen in die Cloud zusätzliche Kosten entstehen, rentiert sich diese Investition ganz klar. Kleine Unternehmen können sich die meisten Kosten im Vergleich zu On-Premise sparen. Der Wegfall von Administration der IT-Systeme sowie die Reduzierung von Support- und Hardwarekosten verhelfen dem Unternehmen, die IT-Kosten zu senken.

6 Fazit und Ausblick

Durch das Auslagern von IT-Komponenten in die Cloud können KMU Einsparungen erzielen. Grundsätzlich kann gesagt werden, dass sich für alle kleinen und mittleren Unternehmen die Cloud-Service-Nutzung wirtschaftlich rentiert. Insbesondere bei langfristiger Cloud-Service-Nutzung steigt die Rentabilität, da zu Beginn einmalige Wechselkosten vom On-Premise-System in die Cloud anfallen. Das geht aus dem Berechnungsmodell von Andrew McAfee hervor. Jedes Unternehmen kann dabei individuell die Parameter anpassen und so die On-Premise- und Cloud-Kosten gegenüberstellen. Neben der Kosteneinsparung ergeben sich durch die Verlagerung des ECM-Systems oder andere Systeme die Vorteile der unternehmensübergreifenden Zusammenarbeit und des ortsunabhängigen Zugriffs auf die Unternehmensdaten.

Da der Umsatz im Cloud Computing in den nächsten Jahren weiterhin steigen wird und zu Beginn des Jahres 2012 erst ca. 30% der KMU bezahlte Cloud-Services verwendet haben, ist in den kommenden Jahren zu erwarten, dass noch sehr viele KMU die eigenen IT-Komponenten in die Cloud auslagern werden und dadurch ihre IT-Kosten senken können.[51] [52]

---

[51] Vgl. Shahd, 2010, URL: http://www.bitkom.org/de/themen/61492_65427.aspx [05.10.2012]
[52] Vgl. Microsoft, 2011, URL: http://www.microsoft.com/en-us/news/presskits/telecom/docs/SMBCloud.pdf [06.01.2013]

7 Literaturverzeichnis

Monographien, Bücher und Sammelbände

Antonopoulous, Nick/Gillam, Lee: Cloud Computing – Prinicples, Systems and Applications, London, 2010

Kleiner, Marco/Müller, Lucas/Köhler, Mario: IT-Sicherheit – Make or Buy, Deutschland, 2005

Rittinghouse, John/Ransome, James: Cloud Computing – Implementation, Management, and Security, London, New York, 2010

Vossen, Gottfried/Haselmann, Till/Hoeren, Thomas: Cloud Computing für Unternehmen – Technische, wirtschaftliche, rechtliche und organisatorische Aspekte, Heidelberg, 2012

Fachartikel und Journale

Algirdas, Avizienis/Laprie, Jean-Claude/Randell, Brian/Landwehr, Carl: Basic concepts and taxonomy of dependable and secure computing. In: Technical Research Report, 11/2004

Engle, Paul: An improving cloud. In: Industrial Engineer, 8/2011

Garrison, Gary/Kim, Sanghyun, Wakefield, Robin: Success factors for deploying cloud computing. In: Communications Of The ACM, 9/2012

McAfee, Andrew: What Every CEO needs to Know About The Cloud. In: Harward Business Review, 6/2012

Mell, Peter/Grance, Timothy: The NIST Definition of Cloud Computing. In: Recommendations of the National Institute of Standards and Technology, 9/2011, S. 2-3

Romero, Nuria: "Cloud computing" in library automation: benefits and drawbacks. In: The Bottom Line: Managing Library Finances, 6/2012, S. 110-114

Sun, Dawei/Chang, Guiran/Sun, Lina/Wang, Xingwei: Surveying and Analyzing Security, Privacy and Trust Issues in Cloud Computing Environments. In: Procedia Engineering, 2011, S. 2852-2856

Artikel aus dem Web

Brüderle, Rainer: Geleitwort zu Cloud Computing – Was Entscheider wissen müssen, www.bitkom.org
http://www.bitkom.org/files/documents/BITKOM_Leitfaden_Cloud_Computing-Was_Entscheider_wissen_muessen.pdf [heruntergeladen am 18.11.2012]

Engel, Willi: Enterprise Content Management – Überblick und Begriffserläuterungen, www.bitkom.org. http://www.bitkom.org/files/documents/Leitfaden_ECM_Ueberblick_Definition(1).pd f [heruntergeladen am 04.11.2012]

Europäische Kommission, www.ec.europa.eu http://ec.europa.eu/enterprise/policies/sme/files/sme_definition/sme_user_guide_d e.pdf [heruntergeladen am 03.11.2012]

Fabasoft Folio Cloud, www.foliocloud.com https://www.foliocloud.com/das-ist-folio-cloud.html, http://www.cloudappstore.com/de/crm.html [heruntergeladen am 17.12.2012]

Manhart, Klaus: Zur Rolle von SLAs, www.computerwoche.de http://www.computerwoche.de/management/cloud-computing/1911722/ [heruntergeladen am 01.11.2012]

McAfee, Andrew: On-Premise IT vs. Cloud Computing Modeler, docs.google.com https://docs.google.com/spreadsheet/ccc?key=0AjFVAaH_U6vidG9EdFNrN3FyYT FhMWJERG03MERuX2c#gid=0 [heruntergeladen am 18.11.2012]

Microsoft: Drivers & Inhibitors to Cloud Adoption for Small and Midsize Businesses, www.microsoft.com http://www.microsoft.com/en-us/news/presskits/telecom/docs/SMBCloud.pdf [heruntergeladen am 06.01.2013]

Shahd, Maurice: Cloud Computing mit extrem starkem Wachstum, www.bitkom.org http://www.bitkom.org/de/presse/66442_65427.aspx [heruntergeladen am 05.10.2012]

Weber, Mathias: Cloud Computing – Was Entscheider wissen müssen, www.bitkom.org http://www.bitkom.org/files/documents/BITKOM_Leitfaden_Cloud_Computing-Was_Entscheider_wissen_muessen.pdf [heruntergeladen am 18.11.2012]

Witmer-Goßner, Elke: Wie SMBs mit der Wolke sparen, www.it-business.de http://www.it-business.de/marktforschung/studien/articles/384824/ [heruntergeladen am 18.11.2012]

www.ingramcontent.com/pod-product-compliance
Lightning Source LLC
La Vergne TN
LVHW042306060326
832902LV00009B/1298